BEI GRIN MACHT SICH IH
WISSEN BEZAHLT

- Wir veröffentlichen Ihre Hausarbeit,
  Bachelor- und Masterarbeit

- Ihr eigenes eBook und Buch -
  weltweit in allen wichtigen Shops

- Verdienen Sie an jedem Verkauf

Jetzt bei www.GRIN.com hochladen
und kostenlos publizieren

Bibliografische Information der Deutschen Nationalbibliothek:

Die Deutsche Bibliothek verzeichnet diese Publikation in der Deutschen National-
bibliografie; detaillierte bibliografische Daten sind im Internet über http://dnb.d-
nb.de/ abrufbar.

Impressum:

Copyright © 2016 GRIN Verlag, Open Publishing GmbH
Druck und Bindung: Books on Demand GmbH, Norderstedt Germany
ISBN: 9783668543508

Dieses Buch bei GRIN:

http://www.grin.com/de/e-book/375207/napola-eliter-fuer-den-fuehrer-die-erzie-
hungsideale-der-nationalpolitischen

Katharina Müller

Napola - Eliter für den Führer. Die Erziehungsideale der nationalpolitischen Erziehungsanstalten

Unterrichtsentwurf zu einer Doppelstunde in einer neunten Klasse eines Gymnasiums

GRIN Verlag

GRIN - Your knowledge has value

Der GRIN Verlag publiziert seit 1998 wissenschaftliche Arbeiten von Studenten, Hochschullehrern und anderen Akademikern als eBook und gedrucktes Buch. Die Verlagswebsite www.grin.com ist die ideale Plattform zur Veröffentlichung von Hausarbeiten, Abschlussarbeiten, wissenschaftlichen Aufsätzen, Dissertationen und Fachbüchern.

Besuchen Sie uns im Internet:

http://www.grin.com/

http://www.facebook.com/grincom

http://www.twitter.com/grin_com

Inhaltsverzeichnis

1. Unterrichtsplanung

1.1. Klassensituation

Der geplante Unterricht soll in einer neunten Klasse eines Gymnasiums durchgeführt werden. Die Klasse umfasst 27 Schülerinnen und Schüler[1], wobei der Anteil der Geschlechter 15 Mädchen zu 12 Jungen beträgt. Die geplante Unterrichtsstunde soll in dem Multimediaraum in der Schule abgehalten werden, da ein DVD-Player, ein Beamer, ein PC und ein Overheadprojektor für die Stunde benötigt werden. Die Klasse ist von einer durchschnittlichen Homogenität in Bezug auf Leistungsniveau und Migrationshintergrund geprägt. Für das Fach Geschichte besteht ein überdurchschnittliches Interesse. An diesem Gymnasium wird nach dem Doppelstundenmodell unterrichtet, d.h. in 90-Minuten Einheiten.

1.2. Begründung des Themas & Einbettung der Stunde in die Unterrichtseinheit

Unterrichtseinheit in Klasse 9:

Nationalsozialismus und Zweiter Weltkrieg – Zerstörung der Demokratie und Verbrechen gegen die Menschlichkeit

Themen	Kompetenzen	Unterrichtsstunden
1.) „Machtergreifung", „Machtüber-nahme" oder „Machtübergabe"? (Reichstagsbrandverordnung, Gleichschaltung, Ermächtigungsgesetz, Machterhaltung)	Sachkompetenz Fragekompetenz Methodenkompetenz	2
2.) Die **Ideologie** des Nationalsozialismus und deren Auswirkungen auf den Alltag (Führerkult, Antisemitismus, Rassismus, Lebensraumpolitik, Volksgemeinschaft, Frauen im NS)	Sachkompetenz Methodenkompetenz	3
2a.) **Jugend im Nationalsozialismus** (HJ, BDM, NS-Erziehungsideale, Napolas)	Sachkompetenz Methodenkompetenz	3

---

[1] Im Folgenden als SuS abgekürzt.

	Reflexionskompetenz	
3.) „**Erfolge**" **des Nationalsozialis-mus?** – Außenpolitik, Wirtschaft, Sozialpolitik	Sachkompetenz Methodenkompetenz	2
4.) Ausbruch und Verlauf des **II.Welt-kriegs** (Annexion Österreichs, Zerschlagung der Tschechoslowakei, Überfall auf Polen, Eintritt der Alliierten, Kriegswirtschaft, Totaler Krieg, Tod Hitlers, Kapitulation)	Sachkompetenz Methodenkompetenz	2
5.) **Ausgrenzung, Verfolgung und Vernichtung** der Juden, Sinti und Roma, Homosexuellen, Behinderten (Euthanasie) (Shoa, Ghettos und Konzentrationslager, Wannsee-Konferenz, „Endlösung", Besuch einer Gedenkstätte/KZ)	Sachkompetenz Methodenkompetenz Reflexionskompetenz	4
6.) **Widerstand** im Nationalsozialismus (Formen des Widerstandes, Attentat vom 20. Juli 1944, Friedrich Bonhoeffer, Weiße Rose)	Sachkompetenz Reflexionskompetenz Methodenkompetenz Fragekompetenz	2
7.) **Fenster zur Welt** (Expansion Japans im II. Weltkrieg, Imperialismus)	Sachkompetenz Orientierungskompetenz	1
8.) **Aktualität/Historische Verantwor-tung** (Schuld, Mitschuld, „Schlussstrich", Erinnerungsarbeit (Stolperstein-Projekt, Gedenkstätten), Rechtsentwicklung in Deutschland und Europa (NPD, AfD, Front Nationale u.A.)	Sachkompetenz Orientierungskompetenz Reflexionskompetenz Fragekompetenz	1

Die geplante Doppelstunde lässt sich, orientiert am Bildungsplan von 2016[2], in die Unterrichts

einheit *Nationalsozialismus und Zweiter Weltkrieg – Zerstörung der Demokratie und Verbre-*

---

[2] Bildungsplan 2016, Standarts für inhaltsbezogene Kompetenzen, Klasse 9/10, online unter: http://www.bildungsplaene-bw.de/,Lde/Startseite/BP2016BW_ALLG/BP2016BW_ALLG_GYM_G_IK_9-10_01_00.
Der Bildungsplan 2016 für Geschichte am Gymnasium ist bereits verfügbar, jedoch bisher nur in Klassen 5 und 6 eingeführt worden. Ein Inkrafttreten des neuen Bildungsplanes für die 9. Klasse am Gymnasium erfolgt erstmals im Schuljahr 2019/2020, online unter: http://www.bildungsplaene-bw.de/,Lde,W-2/Startseite/Informationen/Inkrafttreten.

chen gegen die Menschlichkeit eingliedern. Für die Unterrichtseinheit wurden 20 Unterrichtsstunden eingeplant, die sich auf sieben Themenkomplexe aufteilen. Die Schwerpunktsetzung erfolgt auf den Themenkomplex 2a „Jugend im Nationalsozialismus", der ein Unterpunkt des Themenkomplexes 2 „Die Ideologie des Nationalsozialismus und deren Auswirkungen auf den Alltag" darstellt. Die geplanten Unterrichtsstunden bauen auf die Themenkomplexe „Machtergreifung, Machtübernahme oder Machtübergabe?" und den Themenkomplex „Die Ideologie des Nationalsozialismus und deren Auswirkungen auf den Alltag" auf, wodurch die SuS, wie im Bildungsplan von 2016 beschrieben, sowohl „die ideologischen Grundlagen des Nationalsozialismus charakterisieren und bewerten" als auch „das Alltagsleben in der NS-Diktatur zwischen Zustimmung, Unterdrückung und Widerstand erläutern und Auswirkungen auf die Stabilität der NS-Herrschaft beurteilen"[3] können. Außerdem setzten sich die SuS in der vorangegangenen Stunde mit dem Thema „Erziehungsideale des Nationalsozialismus" auseinander, welches dem Themenkomplex „Jugend im Nationalsozialismus" zugeordnet ist. Somit verfügen die SuS bereits über Wissen über die ideologischen Grundlagen des Nationalsozialismus und deren spezifischen Auswirkungen auf die Lebensbereiche von Kindern und Jugendlichen im „Dritten Reich". Die intensive Auseinandersetzung mit dem Themenkomplex „Jugend im Nationalsozialismus" ermöglicht den SuS die Erkenntnis des umfassenden Ausmaßes der nationalsozialistischen Ideologie-Indoktrination und zugleich ein Hineindenken der SuS in die Jugendlichen der NS-Zeit, was sie bei der eigenen Meinungsbildung unterstützten kann. Der geplante Unterricht fokussiert einen Aspekt des Themenkomplexes „Jugend im Nationalsozialismus" und lässt die SuS bereits erlerntes Wissen anwenden und reflektieren. Anhand der Beschäftigung mit der *Napola* und den dort vermittelten Inhalten lässt sich die nationalsozialistische Ideologie mit dem Schwerpunkt auf der – für den Machterhalt der NS-Herrschaft benötigten – Führungselite optimal herausarbeiten.

Im weiteren Verlauf der Unterrichtseinheit sollen sich die SuS mit der Frage nach den „Erfolgen" der nationalsozialistischen Politik, mit der Entfesselung und dem Verlauf des II. Weltkriegs, besonders intensiv mit „persönliche[n] Schicksale[n] der weltanschaulichen und rassischen Verfolgung vor und im Zweiten Weltkrieg" auseinandersetzen „und diese auf die nationalsozialistische Ideologie und Herrschaftspolitik zurückführen können sowie „Formen der Akzeptanz und des Widerstands in der Bevölkerung beschreiben und beurteilen" und „die sich aus der nationalsozialistischen Vergangenheit ergebende historische Verantwortung erkennen" können.[4]

---

[3] Bildungsplan 2016, Standards für inhaltsbezogene Kompetenzen, Klasse 9/10, online unter: http://www.bildungsplaene-bw.de/,Lde/Startseite/BP2016BW_ALLG/BP2016BW_ALLG_GYM_G_IK_9-10_01_00.
[4] Ebd.

2. Didaktisch-methodische Überlegungen

2.1. Sachanalyse

Nachdem Hitler zum Reichskanzler ernannt und Deutschland zu einem nationalsozialistischen Führerstaat wurde, hatten die Nationalsozialisten zum Ziel, die Kontinuität der Hitler-Diktatur langfristig aufrecht zu erhalten. Für die Realisierung dieses Ziels sollte eine nationalsozialistische Elite „herangezüchtet" werden, die später – ganz von der nationalsozialistischen Ideologie durchdrungen – wichtige politische und wirtschaftliche Führungspositionen übernehmen sollte. Zu den gegründeten „NS-Ausleseschulen"[5] gehörten die *Nationalpolitischen Erziehungsanstalten* (*NPEA*), die *Adolf-Hitler-Schulen* (*AHS*) und die *NS-Ordensburgen*, welche bei unterschiedlichen Strukturen das Ziel der nationalsozialistischen Indoktrinierung gemein hatten. Diese „NS-Ausleseschulen" bildeten eine Sonderform von Internats- und Sekundarschulen, die durch das Konzept der Abschottung die bestmögliche Kontrolle über und Einflussnahme auf die Jugendlichen realisieren konnte. Für die Namensgebung der *Nationalpolitischen Erziehungsanstalten* (NPEA) – umgangssprachlich *Napola* genannt – sind der NS-Pädagoge Ernst Krieck und der NS-Politiker Joachim Haupt verantwortlich, die sich durch die bewusste Verwendung des Begriffs „nationalpolitisch" und nicht „nationalsozialistisch" von der NSDAP abgrenzen und eine „allgemeine staatspolitische Gemeinschaftserziehung in Abgrenzung zur HJ"[6] ermöglichen wollte. Der damalige „Kommissar des Reiches" im preußischen Kultusministerium, Bernhard Rust verfügte am 20.4.1933,

> „die drei ehemaligen Kadettenanstalten in Plön, Köslin und Potsdam gemäß ihrer Tradition zu national-politischen Erziehungsanstalten im Sinne der nationalsozialistischen Revolution umzubilden. Die Lehr-körper sind dementsprechend neu zusammenzusetzen. Bei Neuaufnahmen ist eine entsprechende Auslese zu treffen. Der Unterrichtsplan ist völlig neu zu gestalten. Die Schülerkleidung ist die Hitleruniform."[7]

Bis Kriegsende entstanden 43 *Napola*, drei davon waren ausschließlich für Mädchen konzipiert. Bei der Auslese geeigneter sogenannter „Jungmannen" – der offiziellen Bezeichnung der Schüler – galten strenge Aufnahmekriterien. Der Anwärter musste über: „Arische Abstammung, einwandfreie Charaktereigenschaften, Erbgesundheit, volle körperliche Leistungsfähigkeit, überdurchschnittliche geistige Begabung" verfügen. Weiter heißt es: „Söhne von alten und be-

---

[5] BAUMEISTER, Stefan: NS-Führungskader. Rekrutierung und Ausbildung bis zum Beginn des Zweiten Weltkriegs 1933–1939. Konstanzer Schriften zur Shoáh und Judaica (Bd.4), Konstanz 1997, S. 2.
[6] Ebd., S. 23.o
[7] SCHOLTZ, Harald: Nationalsozialistische Ausleseschulen. Internatsschulen als Herrschaftsmittel des Führerstaates. Göttingen 1973, S. 29.

währten Kämpfern der Bewegung und von Frontkämpfern und Jungen aus kinderreichen Familien werden bei gleicher Tauglichkeit bevorzugt".[8] Diese Aufnahmebedingungen spiegeln deutlich den Rassegedanken, den Sozialdarwinismus und das Führerprinzip und spezielle familienpolitische Vorstellungen als Bausteine der nationalsozialistischen Ideologie wider.

Der Lehrplan der *NPEA* entsprach dem der Oberschule und nach der acht jährigen Ausbildung inklusive abschließender Reifeprüfung sollte eine freie Berufswahl möglich sein. Die Ausbildung in einer *Napola* war geprägt durch den perfektionistischen Anspruch, die körperliche Ertüchtigung, die intellektuelle- und wehrsportliche Ausbildung sowie die weltanschauliche Schulung im gleichen Maße zu berücksichtigen. Der „tüchtige" *Napola*- Schüler war leistungsfähig, zäh, tatkräftig, ausdauernd, verfügte über einen klaren Geist und besaß ein hohes Maß an Verantwortungsbewusstsein und Gemeinschaftsgefühl.

2.2. Didaktische Analyse

Als **Einstieg** des geplanten Unterrichts dient ein Zitat Hitlers, das den SuS zunächst als stiller Impuls vorgelegt wird. Das entstehende Unterrichtsgespräch kann die Lehrkraft durch gezielte Fragen nach bereits erlerntem Wissen der letzten Stunde und durch Fragen nach verschiedenen Begriffsdefinitionen lenken, ohne jedoch das eigenständige Rekapitulieren der SuS einzudämmen. Nachdem die Lehrkraft zu den *Nationalpolitischen Erziehungsanstalten* übergeleitet hat, beginnt die **Erarbeitungsphase I**, in der die SuS Fragen zum Informationstext „*Die Nationalpolitischen Erziehungsanstalten"* beantworten sollen. Die Lehrkraft steht nach einem ersten Lesen des Textes und Markieren unklarer Begriffe zur Besprechung unverständlicher Aspekte im Unterrichtsgespräch zur Verfügung. Während der **Sicherung I** werden die Ergebnisse der Erarbeitung I im Plenum mündlich festgehalten. Die **Erarbeitungsphase II** beginnt, in dem die Lehrkraft mithilfe eines Lehrervortrages, der auf einer Power Point Präsentation basiert, die Handlung und die Protagonisten des historischen Spielfilms *Napola – Elite für den Führer* vorstellt. Nach Austeilen des Arbeitsblattes II wird den SuS der Auftrag gegeben, sich während der Szenenbetrachtung Notizen zu den einzelnen Aufgaben zu machen. Nach Betrachtung der vier Filmszenen sollen im Unterrichtsgespräch einzelne gezeigte Aspekte aufgegriffen und erläutert werden. Daraufhin sollen die Aufgaben des Arbeitsblattes II in Partnerarbeit beantwortet und dann in der **Sicherung II** im Plenum besprochen werden. Die Sicherung II erfolgt sowohl durch die Lehrkraft, welche die Antworten auf Folie festhält, als auch durch das Mitschreiben beziehungsweise Ergänzen der SuS auf ihren Arbeitsblättern. In der **Vertiefungsphase** soll eine

---

[8] Zitiert nach: ebd., S. 59.

Bezugnahme auf das Eingangszitat Hitlers stattfinden und im Unterrichtsgespräch die Frage nach der Realisierung von Hitlers Erziehungsidealen in den *Napola* erörtert werden. Abschließend stellt die Lehrkraft die **Hausaufgabe** vor und beantwortet eventuelle Fragen der SuS.

2.3. Begründung des methodischen Vorgehens

Bei den Erläuterungen zu der Methodenkompetenz im Bildungsplan 2016 heißt es: [u]m historische Fragen beantworten zu können, muss man sich Quellen und Darstellungen zuwenden. Die Schülerinnen und Schüler lernen, verschiedene analoge und digitale Materialien fachgerecht und kritisch auszuwerten."[9] Das Einstiegszitat von Adolf Hitler über seine Erziehungsideale aktiviert bei den SuS sowohl die fachgerechte Quellenarbeit, als auch bereits vorhandenes Vorwissen über die Thematik „Erziehungsideale des Nationalsozialismus", welche in der letzten Unterrichtsstunde behandelt wurden. Besonders gelingt die eigenständige Aktivierung des Vorwissens aufgrund des „Stillen Impulses": das Hitler-Zitat wird zunächst ohne weitere Kommentierung der Lehrkraft auf dem Overheadprojektor aufgelegt, woraufhin eine selbstständige Einordnung des Zitats von den SuS erwartet werden kann. Die Interaktion zwischen Lehrkraft und SuS ist in dieser Phase deshalb von Bedeutung, da das Verständnis der Begrifflichkeiten wie „athletisches Aussehen" und „intellektuelle Erziehung" für den späteren Verlauf des Unterrichts von Bedeutung ist. Die Bearbeitung des Informationstextes *„Die Nationalpolitischen Erziehungsanstalten"* (Arbeitsblatt I) fördert das Lese- und Textverständnis der SuS. Durch das Lesen des Textes und das Markieren unklarer Begriffe wird der aktive Umgang mit einem Text gefördert. Unklare Begriffe müssen im Plenum geklärt werden, da zu erwarten ist, dass der Großteil der SuS beispielsweise den Begriff „Kadettenanstalt" nicht kennt. Die „Think-pair-share" - Methode regt die SuS aktiv dazu an, sich mit Ihren Mitschülerinnen und Mitschülern über den Inhalt des Textes auszutauschen. Die darauffolgende „share"- Phase erfolgt nur mündlich in einem Unterrichtsgespräch, da das Ergebnis der Textbearbeitung zwar im Plenum genannt werden soll, für den weiteren Unterrichtsverlauf aber nicht ausschlaggebend ist. Mithilfe eines Power Point - unterstützten Lehrervortrages sollen die wichtigsten Akteure des historischen Spielfilms *Napola – Elite für den Führer* kurz vorgestellt und die Handlung skizziert werden, damit die SuS die darauf gezeigten Szenen einordnen und verstehen können. Aus Zeitgründen werden nur einzelne Szenen des Films gezeigt. Sollte in der Klasse Interesse bestehen, kann die DVD zum internen Verleih von der Lehrkraft zur Verfügung gestellt werden. Das

---

[9] Bildungsplan 2016, Leitgedanken zum Kompetenzerwerb, Methodenkompetenz, online unter: http://www.bildungsplaene-bw.de/,Lde,W-2/Startseite/BP2016BW_ALLG/BP2016BW_ALLG_GYM_G_LG

Arbeitsblatt II soll bereits vor der Szenenvorführung ausgeteilt werden, mit dem Hinweis, dass die SuS sich bereits Notizen in Hinblick auf die Aufgabenstellung machen, diese aber noch nicht ausführlich beantworten sollen. Ganz ohne Beobachtungsaufträge könnte es den SuS schwerfallen, die Aufgaben nach abschließender Betrachtung zufriedenstellend zu beantworten. Mithilfe des Mediums Film wird den SuS die Thematik der *Napola* visuell nahegebracht. Dass die dargestellten Charaktere ähnlichen Alters wie die SuS sind trägt dazu, dass sich die SuS leichter in die Lebenssituation der *Napola*-Schüler hineinversetzen können. Dies unterstützt das historische Verständnis der SuS. Die SuS lernen das Medium des historischen Spielfilms kennen, eignen sich durch gezielte Fragestellungen an, einzelne Filmszenen zu analysieren und lernen, auch subtile Botschaften durch visuelle Darstellungen im Film zu interpretieren. Nach Betrachtung der vier Filmszenen soll kurz auf einzelne Aspekte eingegangen werden, um den SuS die Möglichkeit zu geben, Unklares zu verstehen und bereits Erlerntes zu wiederholen. Mit den Aufgabenstellungen des Arbeitsblattes II werden die SuS dazu angeregt, die im Film gezeigten Ereignisse zu interpretieren und das bereits gelernte Wissen auf die Filmanalyse zu übertragen. Die Aufgaben sollen in Partnerarbeit stattfinden, da sich in der gemeinsamen Diskussion gewinnbringende Impulse entwickeln können, die den SuS bei der Beantwortung der Leitfragen helfen können. Die Sicherung II erfolgt nun im Unterrichtsgespräch, während die Lehrkraft die SuS-Antworten auf Folie festhält und die SuS auf dem Arbeitsblatt Antworten aufschreiben beziehungsweise ergänzen. Mit der schriftlichen Sicherung verfestigt sich das Erlernte bei den SuS und sie können sich bei der Vorbereitung auf die Klassenarbeit nochmals damit beschäftigen. Die Vertiefungsphase ist deshalb von großer Bedeutung, weil nun eine Verbindung zwischen der historischen Faktizität – die tatsächlichen nationalsozialistischen Erziehungsideale – und den Darstellungen im Film hergestellt werden soll. Auch die durch die Bearbeitung des Informationstextes in der Erarbeitungsphase I fließt in diese Beurteilung der SuS mit ein. Die Hausaufgabe besteht aus einem kreativen Schreibauftrag, welcher dazu dienen soll, sich interpretatorisch mit dem angeeigneten Wissen über *Napola* intensiv auseinanderzusetzten. Reflexiv sollen sich die SuS in den Protagonisten hineinversetzen, wodurch eigene Bewertungskategorien aufgestellt werden und in einem zweiten Schritt die Erziehungsideale der *Napola* bewertet werden können.

2.4. Angestrebte Kompetenzen

2.4.1. Sachkompetenz

Die Auseinandersetzung mit den *Nationalpolitischen Erziehungsanstalten* als eine Form der *NS-Eliteschulen* ermöglicht den SuS, die vom NS-Regime beabsichtigten Einflussnahmen auf die Kinder- und Jugendlichen des Deutschen Reiches und deren konkreten Umsetzungen an den *Napola*, zu erschließen. Die SuS eignen sich Wissen über die Entstehung und die Strukturen der *Napola* an und gewinnen außerdem einen Einblick in den Alltag einer *Napola*. Das Vorwissen der letzten Stunden zur Ideologie des Nationalsozialismus und der Jugend im Nationalsozialismus allgemein wird durch den geplanten Unterricht vertieft und mit neuen Inhalten über die *Napola* verknüpft. Die Vertiefungsphase des geplanten Unterrichts aktiviert die SuS, indem sie das bereits Gelernte über die nationalsozialistischen Erziehungsideale und die Erziehungsideale der *Napola* miteinander verknüpfen sollen. Mit der Frage nach der Realisierung der nationalsozialistischen Erziehungsidealen in den *Napola* lernen die SuS laut dem Bildungsplan 2016 „historische Sachverhalte in Zusammenhängen dar[zu]stellen (Narration)".[10]

2.4.2. Methodenkompetenz

Die gewählten Methoden des geplanten Unterrichts decken einige Aspekte der im Bildungsplan 2016[11] beschriebenen Methodenkompetenzen ab. Erstrebt wird, dass die SuS „unterschiedliche Materialien (insbesondere Texte, Karten, Statistiken, Karikaturen, Plakate, Historiengemälde, Fotografien, Filme, Zeitzeugenaussagen) [...] analysieren"[12] können. Die geplanten Unterrichtsstunden beinhalten die Analyse eines Hitler-Zitats zum Einstieg und die Bearbeitung eines Informationstextes. Diese variantenreiche Methodik stärkt demnach die Methodenkompetenz auf gleich mehreren Ebenen. Die Analyse eines historischen Spielfilms steht im Fokus des geplanten Unterrichts. Bei der Analyse verschiedener Filmszenen werden die SuS „[...] für die zentrale Bedeutung von Medien bei der Konstruktion von Wirklichkeit sensibilisiert und zu einer reflektierten Mediennutzung befähigt"[13], was der sich immer mehr digitalisierenden Lebenswirklichkeit der SuS entspricht.

2.4.3. Reflexionskompetenz

Die Hausaufgabe lässt sich die SuS in die Rolle Friedrichs hineinversetzen und lässt sie Geschichte auf eine narrative Weise rekonstruieren. Sie reflektieren die Erkenntnisse, die sie auf Sachebene über *Napola* sowie durch die Analyse einzelner Filmszenen gelernt haben und übertragen diese auf die Innensicht des Protagonisten. In einem zweiten Schritt sollen die SuS mit-

---

[10] Bildungsplan 2016, Prozessbezogene Kompetenzen, Sachkompetenz, online unter: http://www.bildungsplaene-bw.de/,Lde,W-2/Startseite/BP2016BW_ALLG/BP2016BW_ALLG_GYM_G_PK_05.
[11] Ebd.
[12] Ebd.
[13] Bildungsplan 2016, Leitgedanken zum Kompetenzerwerb, online unter:
http://www.bildungsplaene-bw.de/,Lde,W-2/Startseite/BP2016BW_ALLG/BP2016BW_ALLG_GYM_G_LG.

hilfe der Erkenntnisse, welche sie durch den historischen Spielfilm erlang haben sowie des Informationstextes aus der Erarbeitungsphase I die nationalsozialistischen Erziehungsideale an den *Napola* bewerten. Ziel dieser Aufgaben ist „die Stärkung der Urteilsfähigkeit der Schülerinnen und Schüler. Sie lernen, Urteile über Sachverhalte und Zusammenhänge (Sachurteile) sowie Wertungen (Werturteile) zu analysieren und selbst begründet vorzunehmen."[14]

---

[14] Bildungsplan 2016, Leitgedanken zum Kompetenzerwerb, online unter:
http://www.bildungsplaene-bw.de/,Lde,W-2/Startseite/BP2016BW_ALLG/BP2016BW_ALLG_GYM_G_LG.

3. Unterrichtsverlauf

Zeit	Phase	Unterrichtsgegenstand	Arbeits- und Sozialform / Medien
10 min	Einstieg und Wiederholung	Hitler-Zitat „Ordensburgen", „athletisches Aussehen", „intellektuelle Erziehung" und eventuelle andere unklare Begriffe klären. Wiederholung der letzten Stunde zu „Jugend im Nationalsozialismus" → Fokus auf die Erziehungsideale des Nationalsozialismus Überleitung zu „Napolas"	Folie „Stiller Impuls" L-S-Gespräch
15 min	Erarbeitungsphase I	Informationstext „Napolas" (Arbeitsblatt I) Unklare Begriffe klären (z.B. „Kadettenanstalten") Arbeitsauftrag: 1. Lies den Informationstext „Die Nationalpolitische Erziehungsanstalten" und markiere dir unklare Begriffe. Im Plenum unklare Begriffe klären 2. Arbeitet gemeinsam heraus, welche Hauptziele die „Napolas" verfolgten.	Arbeitsblatt I Einzelarbeit L-S-Gespräch Think-Pair-Share
5 min	Sicherung I	Hauptziele der „Napolas" benennen: - „Erziehung zu Nationalsozialisten, tüchtig an Leib und Seele für den Dienst an Volk und Staat". - Bildung einer Führungselite	L-S- Gespräch (Mündliche Sicherung)
15 min	Erarbeitungsphase II	- Überleitung zum Film Napola Kurze Vorstellung Friedrichs und Skizzierung der vorangegangenen Ereignisse anhand einer Power Point-Präsentation der Lehrkraft - Austeilen des Arbeitsblattes II - Anschauen von vier Filmszenen aus Napola, SuS sollen sich währenddessen Notizen in Hinblick auf die Aufgaben machen	PPP/ LV Arbeitsblatt II Film Einzelarbeit

		1. Begrüßungsrede 2. Unterrichtseindrücke 3. „Matratzenszene" 4. „Trauerrede" Gauleiter Steins	
20 min	Erarbeitungsphase III	Besprechung einzelner Aspekte des Films, z.B. Luthers Antijudaismus, Sozialdarwinismus, Propagandalied „Unsere Fahne flattert uns voran" und ggf. andere	L-S-Gespräch
		Partnerarbeit drei Fragen	Partnerarbeit/Arbeitsb II
		a) Stelle die nationalsozialistischen Erziehungsideale dar, welche in dem Film *Napola* ersichtlich werden.	
		b) Erkläre, auf welche Weise diese Erziehungsideale vermittelt werden sollen.	
		c) Beurteile Sigfrieds Selbstmord und den Umgang Gauleiter Steins mit diesem. Gehe besonders darauf ein, was seine tatsächlichen Gründe für den Selbstmord sein könnten und wie diese in der Trauerrede dargestellt werden.	
10 min	Sicherung II	L hält Antworten auf Folie fest; SuS füllen AB aus	L-S- Gespräch/Folie
10 min	Vertiefung	Bezugnahme auf das Eingangszitat und die vorangegangene Stunde über „Jugend im Nationalsozialismus": Wurden Hitlers Vorstellungen „seiner" Jugend in den *Napolas* realisiert?	L-S- Gespräch/Folie
5 min	Hausaufgabe	Hausaufgabe besprechen: 1) Friedrich ist nun seit einer Woche auf der „Napola Allenstein". Versetze Dich in Friedrich und verfasse einen Brief an Deinen guten Freund, in welchem Du Deine Gründe, Dich gegen den Willen Deines Vaters für die Schule zu entscheiden, darlegst und Deine bisherigen Erfahrungen in Bezug auf „Kameraden",	L-S-Gespräch

		„Lehrerschaft" und Unterricht be-schreibst. (Länge ca. 1-1,5 Seiten) 2) Bewerte knapp die Erziehungsideale, die in den *Napolas* umgesetzt wurden. Ori-entiere dich an der fiktiven *Napola Allen-stein* sowie an dem Informationstext *Die Nationalpolitischen Erziehungsanstal-ten.* (Länge ca. 0,5-1 Seite)	

4. Anlagen

4.1. Einstiegszitat

> ***Zitat aus urheberrechtlichen Gründen entfernt***

Adolf Hitlers Definition von Pädagogik in „Mein Kampf", in: Rauschning, H.: Gespräche mit Hitler. Bilder und Dokumente zur Zeitgeschichte 1933-1945, München 1961, S. 100 f.

4.2. Arbeitsblatt I

> *Arbeitsauftrag:*
> 1. Lies den Informationstext „Die Nationalpolitische Erziehungsanstalten" und markiere dir unklare Begriffe.
> 2. Arbeitet gemeinsam heraus, welche Hauptziele die „Napolas" verfolgten.

Zitat aus urheberrechtlichen Gründen entfernt

(Textausschnitte aus: Michael Schröders „Elitebildung" in NS-Ausleseschulen und Ordensburgen, online unter: http://www.historisches-centrum.de/forum/schroeders04-1.html (26.11.2016)

4.3. Power Point Präsentation & Lehrervortrag

PowerPoint Präsentation aus urheberrechtlichen Gründen entfernt. Bilder der Präsentation ausschließlich Szenen aus dem Film "Napola".

Lehrervortrag

a) Informationen zu *Napola – Elite für den Führer*

Ein Spielfilm aus dem Jahr 2004 von dem Regisseur Dennis Gansel, der sich dem Thema der Napolas, durch die Erzählungen seines Großvaters einem ehem. Napola Schülers motiviert, widmete. Interviews mit dutzenden ehem. Napolaschülern (darunter z.b. auch Theo Sommer, späterer Chefredakteur der Zeit und Literaturkritiker Hellmuth Karasek) bildeten die Grundlage des Films, wobei Vieles historisch nicht ganz korrekt oder überspitzt dargestellt wurde (z.B. existierte die Napola Allenstein nicht). Allerdings war der Anspruch Gansels auch nicht, einen historischen Dokumentarfilm zu machen, sondern ein Drama, das die Erziehungsideale im NS zur Grundlage hat. Hauptthemen im Film sind Verführung zum Nationalsozialismus, Freundschaft und Erwachsenwerden.

b) Inhalt *Napola"*

Der Film *Napola* spielt im Spätsommer 1942 in Deutschland. Der 17-jährige Friedrich Weimer aus dem Berliner Arbeiterbezirk Wedding ist ein begabter Boxer. Bei einem seiner Kämpfe wird er von Vogler entdeckt, der Sport- und Deutschlehrer an der Napola Allenstein ist und ihn einlädt, an einer Aufnahmeprüfung für eben diese Schule teilzunehmen. Friedrich wird bei der Aufnahmeprüfung als außerordentlich tauglich eingestuft und entscheidet sich gegen den Willen seines Vaters, der ein NS-Gegner ist, für den Eintritt in die Napola Allenstein. Friedrich gewöhnt sich an die neuen Kameraden, die Uniform und ist überhaupt angetan von den martialischen Inszenierungen des Marschierens, der Ansprachen, der Lieder. Er schlägt sich mutig durch die typischen Schikanen der militärisch geprägten Ausbildung, passt sich an. Der Alltag an der Napola Allenstein ist geprägt durch sportlichen Drill, Abhärtung, militärischer Ausbildung und Schulunterricht, der von NS- Ideologie durchzogen ist. Als dann der Sohn des Gauleiters Stein, der Schöngeist Albrecht sein Stubenkamerad wird, entsteht eine Freundschaft zwischen den beiden. Albrecht verkörpert in seinem ganzen Wesen das Gegenteil des treuen Regimeanhängers: Er hinterfragt, kritisiert, ist ein talentierter Schreiber und entspricht auch körperlich - anders als "Musterschüler" Friedrich - in keiner Weise dem Ideal einer nationalsozialistischen „Führernatur". Um ihn abzuhärten und aus ihm einen „Wahren Nationalsozialisten" zu machen, schickt ihn sein Vater auf die Napola Allenstein. Das Erziehungsideal der Abhärtung wird im Film vor Allem durch harte sportliche Betätigung, aber auch durch Demütigung von „schwachen" Charakteren aufgezeigt wie das Beispiel von Sigfried demonstriert. Sigfried, ein introvertierter, emotionaler Junge, der dem Druck der Napola offensichtlich nicht Stand hält und Bettnässer ist, wirft sich bei einer Handgranatenübung, bei der ein anderer Schüler die Nerven verliert, auf eine Handgranate kurz vor der Explosion und rettet so seinen Kameraden das Leben. Von Schulleitung und Gauleiter Stein wird Sigfried als Held gefeiert, von einem möglichen Selbstmord ist selbstverständlich nicht die Rede. Ein weiteres Schlüsselereignis ist eine nächtliche Aktion gegen entflohene russische Kriegsgefangene. Die Schüler werden nachts aus den Betten geholt und sollen nach den angeblich bewaffneten Gefangenen suchen. Sie erschießen mehrere Kriegsgefangene, die nicht bewaffnet und noch Jugendliche sind. Albrecht, der Sohn des Gauleiters, der noch versucht einem jungen Mann das Leben zu retten, überfordert die Situation sichtbar. Am nächsten Tag schreibt er einen Aufsatz, in dem er offen Kritik an der

Aktion und somit an seinem Vater übt, in dem er schreibt, dass er "selbst Teil des Bösen geworden ist, das er bekämpfen wollte." Als Strafe will ihn sein Vater an die Ostfront schicken, wozu er sich freiwillig bei der SS melden soll. Am nächsten Morgen sollen die Jungen durch einen eiskalten, zugefrorenen See tauchen, rund 15 Meter von einem in das Eis gehackten Loch zum anderen, unter der Eisdecke entlang. Albrecht nimmt sich dabei vor den Augen seines völlig entsetzten und aufgelösten Freundes Friedrich das Leben, indem er sich unter der Eisfläche im eisigen Wasser auf den Grund sinken lässt.

Friedrich ist geschockt und versucht seine tiefe Trauer mit einem Nachruf für Albrecht veröffentlichen zu lassen. Nachdem der Direktor ihm deutlich macht, dass Selbstmord eine Schande für einen Nationalsozialisten ist, erinnert er ihn an die bevorstehende Boxmeisterschaft, bei welcher alle Hoffnung in Friedrich gesetzt wird. Im Kampf scheint er zunächst überlegen, doch als er um sich blickt, wird ihm bewusst, für wen und wofür er da kämpft, und er lässt sich widerstandslos bewusstlos schlagen. Aufgrund dessen wird er der Anstalt verwiesen. Die letzte Szene des Films zeigt, wie Friedrich die Napola Allenstein verlässt und im Schneetreiben zu Fuß und in kurzer Hose davongeht.

4.4. Arbeitsblatt II

Arbeitsauftrag 1: Arbeitet die nationalsozialistischen Erziehungsideale heraus, wie sie in dem Film *Napola* ersichtlich werden.

- _____
- _____
- _____
- _____
- _____
- _____
- _____
- _____
- _____
- _____

Arbeitsauftrag 2: Erklärt, auf welche Weise diese Erziehungsideale an der *Napola Allenstein* vermittelt werden.

- _____
- _____
- _____
- _____
- _____
- _____
- _____
- _____
- _____
- _____

Arbeitsauftrag 3: Beurteilt Sigfrieds Selbstmord und den Umgang Gauleiter Steins mit diesem. Geht besonders darauf ein, was seine tatsächlichen Gründe für den Selbstmord sein könnten und wie diese in der Trauerrede dargestellt werden. Beantwortet die Aufgabe in ganzen Sätzen.

_____
_____
_____
_____
_____
_____
_____
_____
_____

Hausaufgabe:

1.) Friedrich ist nun eine Woche an der „Napola Allenstein". Versetze

Dich in Friedrich und verfasse einen Brief an Deinen guten Freund, in welchem Du

Deine Gründe, Dich gegen den Willen Deines Vaters für die Schule zu entscheiden,

darlegst und Deine bisherigen Erfahrungen in Bezug auf „Kameraden", „Lehrers-

chaft" und Unterricht beschreibst. (Länge ca. 1-1,5 Seiten)

2.) Bewerte knapp die Erziehungsideale, die in den *Napolas* umgesetzt wurden.

Orientiere dich an der fiktiven *Napola Allenstein* sowie an dem Informationstext

Die Nationalpolitischen Erziehungsanstalten. (Länge ca. 0,5-1 Seite)

Lösungsblatt

Arbeitsauftrag 1: Arbeitet die nationalsozialistischen Erziehungsideale heraus, wie sie in dem Film *Napola* ersichtlich werden.

- Starker Körper_____
- Kameradschaft_____
- Gemeinschaft_____
- Aufgabe der Individualität_____
- zielstrebiges Handeln_____
- Tapferkeit_____
- Unterordnung_____
- Disziplin_____
- Überlegenheit der „arischen Rasse"_____
- Tüchtiger Soldat_____

Arbeitsauftrag 2: Erklärt, auf welche Weise diese Erziehungsideale an der *Napola Allenstein* vermittelt werden.

- Starker Körper: Sportlicher Drill und Abhärtung (z.B. Tauchen im Eisloch; Strafe bei Bettnässen)_____
- Gemeinschaft: Gemeinsames Singen von Liedern; Hitlergruß; Homogenisierung der Gruppe; „Familienersatz"_____
- Disziplin/Unterordnung: Bestrafungen; starke Hierarchien_____
- Tüchtiger Soldat: Wehrausbildung (Umgang mit Waffen, Fliegerausbildung, Geländeübungen, Kriegsführung_____
- Überlegenheit der „arischen Rasse": Rassenlehre; Reden des Schulleiters_____
- Kameradschaft/zielstrebiges Handeln/Tapferkeit: Anpreisung des Heldentodes_____

Arbeitsauftrag 3: Beurteile Sigfrieds Selbstmord und den Umgang Gauleiter Steins mit diesem. Gehe besonders darauf ein, was seine tatsächlichen Gründe für den Selbstmord sein könnten und wie diese in der Trauerrede dargestellt werden. Beantworte die

---

- Mögliche Gründe Sigfrieds für seinen Selbstmord könnten unter anderen der Druck der „Napola" sein, dem er nicht mehr standhalten kann. Er erfüllt nicht das Bild des gewünschten „tüchtigen Nationalsozialisten", was er tagtäglich durch Erniedrigungen von den Lehrkräften der „Napola" zu spüren bekommt. Besonders grausam sind die Erniedrigungen, die er aufgrund seines nächtlichen Bettnässens ertragen muss: Vor versammelter Kameradschaft wird er von dem Sportlehrer der „Napola Allenstein" zum Urinieren auf seine eigene Matratze gewungen. Da er keinen Ausweg für seine Situation mehr sieht, da seine Eltern ein freiwilliges Ausscheiden sicherlich nicht geduldet hätten, entscheidet er sich für den Freitod. Möglicherweise sieht er in seiner psychischen Instabilität sein eigenes Leben als weniger Wert an als die Leben seiner Kameraden und wirft sich deshalb auf die Granate, um das Leben der anderen zu schützen. Zuletzt genannter Aspekt wird von der Leitung der „Napola Allenstein" und insbesondere von Gauleiter Stein in seiner „Trauerrede" aufgegriffen, um Sigfried als Helden darzustellen, der selbstlos die Gemeinschaft über sein Leben stellte. Die Erniedrigungen und Sigfrieds großen Leidensdruck erwähnt er nicht, sicherlich, da dies nicht in das Bild der „Eliteschule" passen würde und Selbstmörder an sich zutiefst verachtet werden.

5. Bibliographie

5.1. Quellen

Adolf Hitlers Definition von Pädagogik in „Mein Kampf", in: Rauschning, H.: Gespräche mit Hitler. Bilder und Dokumente zur Zeitgeschichte 1933-1945, München 1961, S. 100 f.

Szenenbilder aus *Napola – Elite für den Führer*, online unter:
https://outnow.ch/Movies/2004/Napola/Bilder/017 (zuletzt abgerufen: 26.11.2016).

5.2. Literatur

BAUMEISTER, Stefan: NS-Führungskader. Rekrutierung und Ausbildung bis zum Beginn des Zweiten Weltkriegs 1933–1939. Konstanzer Schriften zur Shoáh und Judaica (Bd.4), Konstanz 1997, S. 2.

SAUER, Michael, Geschichte unterrichten. Eine Einführung in die Didaktik und Methodik, Seelze [11]2013.

SCHOLTZ, Harald: Nationalsozialistische Ausleseschulen. Internatsschulen als Herrschaftsmittel des Führerstaates. Göttingen 1973, S. 29.

SCHRÖDER, Michael: „Elitebildung" in NS-Ausleseschulen und Ordensburgen, online unter: http://www.historisches-centrum.de/forum/schroeders04-1.html (zuletzt abgerufen am 26.11.2016).

Bildungsplan 2016, Geschichte am Gymnasium, Standards für inhaltsbezogene Kompetenzen, Klasse 9/10, online unter: http://www.bildungsplaene-bw.de/,Lde/Start-seite/BP2016BW_ALLG/BP2016BW_ALLG_GYM_G_IK_9-10_01_00 (zuletzt abgerufen am 09.02.2017).

Bildungsplan 2016, Leitgedanken zum Kompetenzerwerb, online unter: http://www.bildungsplaene-bw.de/,Lde,W-2/Start-seite/BP2016BW_ALLG/BP2016BW_ALLG_GYM_G_LG (zuletzt abgerufen am 09.02.2017).

Bildungsplan 2016, Prozessbezogene Kompetenzen, online unter: http://www.bildungsplaene-bw.de/,Lde,W-2/Startseite/BP2016BW_ALLG/BP2016BW_ALLG_GYM_G_PK (zuletzt abgerufen am 09.02.2017).